AF440394

ROME

ET

SAINTE-HÉLÈNE

DE 1815 A 1821

ROME

ET

SAINTE-HÉLÈNE

DE 1815 A 1821

PAR

M. L. PLANAT DE LA FAYE

PARIS

FURNE ET Cⁱᵉ, ÉDITEURS

RUE SAINT-ANDRÉ-DES-ARTS, 45

—

1862

1863

AVANT-PROPOS

Ce fragment de mes souvenirs fut écrit au mois de Janvier de cette année. La cour pontificale avait refusé d'obtempérer aux réclamations du gouvernement français, qui lui demandait l'éloignement de François II. Pour motiver ce refus, elle s'était appuyée sur les sympathies traditionnelles de la cour de Rome pour toute grandeur déchue, et spécialement sur la *généreuse hospitalité* qu'elle avait accordée à l'ex-famille impériale après 1815.

Je ne pus me défendre d'un sentiment d'indignation au souvenir de cette *hospitalité* si audacieusement invoquée, et je résolus de faire connaître certains faits venus à ma connaissance et qui pouvaient faire apprécier son véritable caractère. Mais vers la même époque le bruit d'un très prochain dénouement de la question romaine devint général et me fit renoncer à mon projet.

Malheureusement ce ne fut qu'une déception, après tant d'autres, car, s'il faut en croire la rumeur publique, loin d'avancer, la question romaine aurait reculé.

Dans cette situation et puisque nos amis italiens croient que, dans une certaine mesure, cela peut être utile à leur cause, je ne puis leur refuser la publication de ces pièces.

Je regrette d'avoir été forcé d'entrer en matière par quelques détails personnels qui sont sans intérêt, mais que je crois indispensables pour l'intelligence des pièces qui suivent. Du reste aucune personne sensée ne saurait voir un désir puéril de parler de soi, dans la publication de lettres qui sont entre mes mains depuis plus de quarante ans, sans que j'aie songé à en faire usage. Un motif élevé a seul pu m'y déterminer.

N. L. Planat de la Faye.

ROME

ET

SAINTE-HÉLÈNE

DE 1815 A 1821

Entré au service en 1806, aide de camp du général Lariboisière pendant la campagne de Russie, du général Drouot pendant celles de Saxe et de France, je fus nommé officier d'ordonnance de l'Empereur à son retour de l'île d'Elbe au mois de mars 1815. L'admiration mêlée de réserve, qui jusque-là avait prédominé dans mes sentiments pour l'Empereur, se changea à cette époque en un dévouement sans bornes, et bientôt en un véritable culte pour le grand homme malheureux.

Après le revers de Waterloo, je suivis l'Empereur à Rochefort et je montai avec lui sur le *Bellérophon*. Le 7 août 1815 je fus séparé de sa personne par ordre du gouvernement anglais ; le *Northumberland* emporta l'Empereur à Sainte-Hélène, un autre bâtiment anglais me transporta avec les généraux Lallemand, Savary et autres, à Malte où nous fûmes retenus pendant une année dans une étroite captivité.

Relâché en août 1816, mais rayé des cadres de l'armée française, ne pouvant ni ne voulant, au moment de la plus furieuse réaction, rentrer dans ma patrie, je dirigeai mes premiers pas vers Rome. Une partie de la famille de l'Empereur y résidait auprès du cardinal Fesch, son nouveau chef.

La nature et les motifs secrets de l'hospitalité accordée par la cour de Rome à l'ex-famille impériale ressortiront surabondamment des pièces que je publie; les mêmes motifs n'existant pas à mon égard, je fus invité, sur la demande de l'ambassadeur de France, M. de Blacas, à quitter Rome sous vingt-quatre heures. Je partis pour Florence, mais la persécution de M. de Blacas m'y suivit et me força bientôt de quitter Florence et l'Italie et de me réfugier en Autriche, malgré ma répugnance.

L'année suivante le comte de Las-Cases revint en Europe. Il m'écrivit que l'Empereur avait, à plusieurs reprises, exprimé le vif regret de ne pas m'avoir auprès de lui; mon constant désir d'aller le rejoindre s'accrut naturellement; mais pour y parvenir l'intervention active du cardinal Fesch était indispensable, car il était seul désigné par le gouvernement anglais pour servir d'intermédiaire entre l'Empereur et sa famille et pour appuyer auprès des gouvernements alliés, les réclamations, les désirs et les plaintes du grand captif.

Je ne crois nullement qu'en faisant ce choix lord Bathurst, ministre des colonies à Londres et chargé, en cette qualité, de tout ce qui se rapportait à la captivité de Napoléon, ait été mu par une mauvaise pensée : le cardinal Fesch était le propre oncle de l'Empereur; il lui devait son élévation rapide aux plus hautes dignités de l'Église; loin d'avoir aucun sujet de plainte contre son neveu, il avait été comblé de ses bienfaits; d'ailleurs Napoléon était tombé, il était captif, proscrit, malheureux et souffrant; son plus grand ennemi, pourvu qu'il fût laïque et honnête homme, aurait dans cette position compris la sainteté de son mandat et l'aurait rempli religieusement : le choix de lord Bathurst pouvait donc paraître naturel. Une seule chose, mais elle était capitale, avait été oubliée par cet homme d'État : c'est que l'oncle de l'Empereur était prêtre et cardinal, et qu'aux yeux du prêtre ultramontain, inféodé au pouvoir temporel, tout intérêt humain, même le plus sacré, est fatalement subordonné à l'intérêt et aux rancunes de ce pouvoir. Napoléon avait aboli le pouvoir temporel! Dès ce moment son oncle, archevêque de Lyon et cardinal, était devenu hostile à sa politique, ce qui en 1815 lui valut la protection de l'Autriche et la conservation de son archevêché, bien qu'on l'obligeât de résider à Rome. Placé sous la direction immédiate du Sacré-Collége, on verra de quel rôle fut chargé le cardinal, comment on se servit de l'ascendant que lui assurait sur l'esprit faible et superstitieux de la vieille mère de l'Empereur sa double qualité de frère et de prêtre.

En 1818, un an après l'éloignement du comte de Las-Cases, le général Gourgaud quitta volontairement Sainte-Hélène. Les propos inconsidérés de ce général à son arrivée à Londres provoquèrent le rappel du docteur O'Meara, accusé d'exagérer à dessein et dans une intention perfide l'état maladif de l'Empereur. Toutefois lord Bathurst, préoccupé de l'effet de ce rappel sur l'opinion publique, chargea le cardinal Fesch de choisir immédiatement un autre médecin, en se conformant aux indications précises de l'Empereur lui-même, c'est-à-dire qui fût français et d'une réputation faite (1).

____

(1) Voir : Dépêche de lord Bathurst à Hudson Lowe du 10 août 1818. *Captivité de Napoléon à Sainte-Hélène*, par sir Hudson Lowe. — AMYOT — T. III, p. 395.

Ce fut dans cette circonstance que, pour la première fois, la conduite du cardinal me fit éprouver un douloureux étonnement. J'avais connu pendant mon séjour à Florence un ancien médecin par quartier de l'Empereur, M. Foureau de Beauregard, homme excellent, profondément dévoué à Napoléon, qui jouissait de sa confiance et l'avait suivi à l'île d'Elbe. Sur l'avis du comte de Las-Cases, le docteur Foureau se présenta immédiatement pour être envoyé à Sainte-Hélène; c'était son ardent désir, et comme à tous égards il remplissait les conditions fixées par l'Empereur, on ne pouvait douter que son offre ne fût accueillie avec joie. Mais les raisons qui militaient en faveur du docteur Foureau, c'est-à-dire sa qualité de français et son dévouement, devaient précisément faire échouer sa demande; je l'ai compris plus tard. On voulait, à Rome et ailleurs, isoler de plus en plus Napoléon en l'entourant d'hommes étrangers à son passé et à la France, et cela moins par crainte de son évasion que par d'autres motifs que je dirai tout à l'heure.

Après des tergiversations qui durèrent près d'une année, pendant laquelle l'Empereur, déjà fort malade, demeura sans médecin, le docteur Foureau eut la douleur de se voir préférer un jeune anatomiste italien, le docteur Antomarchi, simple prosecteur à l'amphithéâtre de l'École de Médecine, habile dans sa spécialité, mais tout à fait inconnu comme médecin, et qui lui-même confesse avoir été considéré par l'Empereur « comme un homme auquel il donnerait bien son cheval à disséquer, mais non sa jambe à guérir (1). » Ce fut un malheur, car jamais Antomarchi ne parvint à inspirer la moindre confiance à son malade.

(1) Mémoires du docteur Antomarchi.

Outre le médecin, le cardinal avait été chargé, sur la demande de l'Empereur, d'envoyer comme aumônier un prêtre instruit qui devait aussi pouvoir lui servir de secrétaire, car il s'agissait de suppléer autant que possible à l'absence de MM. de Las-Cases et Gourgaud, la principale distraction de l'Empereur à Sainte-Hélène étant de dicter ses mémoires. Malheureusement cette occupation de l'Empereur, déjà connue en Europe, était pour la cour de Rome comme pour d'autres cours du Continent un sujet constant d'inquiétude. Un moyen facile se présentait pour y couper court et on le saisit avec empressement : le cardinal envoya, pour servir de secrétaires à Napoléon, deux honnêtes prêtres italiens, ignorants au dernier point et ne sachant pas le français (1).

Le bâtiment qui transportait ces Messieurs à Sainte-Hélène se croisa en route avec celui qui ramenait en Europe Madame de Montholon et ses enfants. M. de Montholon ayant le projet de rejoindre bientôt sa famille, la comtesse s'occupa dès son arrivée à lui chercher un successeur. Les premières lettres venues de Longwood lui firent comprendre que l'arrivée de ce successeur était la condition indispensable du départ de son mari, car elles contenaient des plaintes amères sur l'entière inaptitude des personnages récemment arrivés à Longwood, et sur la profonde déception causée à l'Empereur par les choix du cardinal. Voici ce que Madame de Montholon écrivit à lord Holland, dont elle réclamait les bons offices : « Parmi les personnes nouvellement arrivées » à Longwood, aucune n'est en état d'écrire le français » qu'elles parlent à peine ; l'Empereur a absolument besoin

(1) Les abbés Buonavita et Vignali. Voir : *Souvenirs diplomatiques de lord Holland*, p. 246, et *Captivité de Napoléon*, par H. Lowe, t. III, p. 258 et suiv.

» d'un homme qui non-seulement ait sa confiance, mais
» qui sache le comprendre ; c'est la seule consolation qui
» lui reste et il n'est que trop à craindre que de longtemps
» il ne lui en soit accordé d'autres (1). »

Lord Bathurst opposa à ses assertions une entière incrédulité, en se fondant sur les instructions si formelles données par l'Empereur. « Quand même — répondit-il — le comte de Montholon aurait résolu de ne quitter Sainte-Hélène qu'à l'arrivée d'un secrétaire, il peut partir ; car ce désir est accompli. Le prêtre envoyé à Sainte-Hélène a été choisi par le cardinal Fesch, conformément aux instructions données à Son Éminence par Bonaparte, et ces instructions, comme vous le pensez bien, se rapportaient beaucoup plus aux aptitudes civiles que religieuses du personnage en question. » Il écrivit toute fois à Hudson Lowe que si Napoléon exprimait le désir de voir venir une autre personne pour remplacer MM. Bertrand ou Montholon, « le cardinal Fesch et la princesse Borghèse seraient de nouveau chargés de cette affaire (2). »

La réponse de Sainte-Hélène ne put arriver qu'à la fin de juillet 1820 ; j'y étais désigné comme une des personnes dont l'Empereur désirait la présence.

Je me trouvais alors dans une villa aux portes de Trieste, chez le prince Félix Bacciochi, veuf de la princesse Elisa qui venait de mourir. Nous étions très-surveillés, par conséquent isolés ; les bruits du monde ne nous arrivaient que tardivement et je vivais dans une profonde ignorance de ce qui me touchait de si près, lorsque j'en fus informé par M. de Possé, gendre de Lucien Bonaparte.

(1) *Souvenirs diplomatiques de lord Holland*, p. 265.
(2) *Idem.*

Aucun avis ne m'étant venu de Rome, j'écrivis à la mère de l'Empereur ainsi qu'au cardinal, pour les informer de ce que je venais d'apprendre. Dans cette lettre, je me déclarais prêt à partir et très-heureux de me rendre à Sainte-Hélène, mais en même temps je rappelais le refus inexplicable qui, l'année précédente, avait accueilli l'offre dévouée du docteur Foureau ; je crus à tort devoir attribuer ce refus à quelque ressentiment du roi Jérôme dont le docteur avait quitté le service, et je terminais en conjurant MADAME et le cardinal de m'aider à vaincre les difficultés qui pourraient m'empêcher de répondre au désir de l'Empereur. Peu de jours après, une lettre de Madame de Montholon vint confirmer les assertions de M. de Possé ; elle me demandait si j'étais disposé à partir pour Sainte-Hélène où ma présence était désirée, et se plaignait d'avoir vainement écrit à ce sujet à la princesse Pauline (1). « J'attends votre réponse — me disait-elle — pour faire auprès du gouvernement anglais des démarches afin d'obtenir l'autorisation nécessaire ; mais je les ferai indépendamment de la famille qui paraît ne pas vouloir s'en mêler. » Je lui répondis sur-le-champ, l'engageant à faire toutes ces démarches sans rien attendre de Rome ni de la famille.

Je reçus bientôt après du cardinal la réponse suivante à la demande que je lui avais adressée :

« Rome, 23 septembre 1820.

« Monsieur,

» M. de Possé n'étant pas ici, je n'ai pu connaître par quelle voie » il a appris que l'Empereur témoignait le désir de vous avoir auprès

____

(1) Cette lettre avait été interceptée ; voir plus loin.

» de lui, mais c'est sans doute un malentendu, puisque toutes les fois
» qu'on a demandé quelque personne à Sainte-Hélène, c'est à moi
» qu'on s'est adressé. C'est peut-être quelque intrigant qui veut se
» rendre intéressant et qui écrit d'Angleterre, donnant sa propre
» idée pour celle de l'Empereur.

» Au demeurant nous croyons qu'il n'y a pas lieu d'envoyer
» d'autres personnes à Sainte-Hélène.

» MADAME me charge de vous dire que d'ici au printemps pro-
» chain il est possible qu'elle puisse vous faire quelque proposition, si
» les circonstances le permettent, et jusque-là elle vous conseille de
» demeurer où vous êtes.

» Je connais l'affaire de M. Foureau de Beauregard et je puis vous
» assurer que la reine Catherine (1) nous écrivit en sa faveur; mais je
» ne pus pas prendre sur moi de le laisser partir avec la quantité de
» gens qu'il demandait à sa suite.

» Agréez, Monsieur, l'assurance de la haute considération avec
» laquelle je suis,

» Votre dévoué serviteur,

» Cardinal FESCH. »

On peut juger de ce que j'éprouvai en recevant cette
réponse sèche et hautaine. Je repliquai à l'instant même ce
qui suit :

» Trieste, 9 octobre 1820.

» Monseigneur,

» J'ai reçu, il y a quelques jours, de madame la comtesse de Mon-
» tholon, une lettre qui ne s'accorde point avec celle que Votre Altesse
» Éminentissime a bien voulu m'écrire. Cette dame me mande qu'elle
» sait positivement que l'Empereur serait bien aise de m'avoir auprès
» de lui, et que, d'après cette *certitude*, elle s'était adressée à sa famille

(1) Princesse de Wurtemberg, femme du roi Jérôme.

» par l'entremise de la princesse Borghèse. Mais que n'en recevant
» pas de réponse, elle se décidait à m'écrire pour savoir si je per-
» sistais dans mes résolutions d'il y a cinq ans. Ma réponse a été
» bientôt faite.

» Cependant, Monseigneur, que dois-je croire? Si je m'en rappor-
» tais à madame de Montholon, je ne pourrais m'empêcher d'être
» affligé et même blessé du mystère qu'on m'a fait de sa démarche...
» Je remercie beaucoup V. A. É. des éclaircissements qu'elle veut
» bien me donner au sujet de mon estimable ami, M. Foureau de
» Beauregard; mais il me semble qu'il ne demandait à emmener que
» sa femme et un domestique, ce qui me fait supposer qu'il y eut
» alors un malentendu. Je vais lui écrire pour m'en assurer.

» Je suis avec respect, etc. »

Ainsi donc, loin de trouver aucun appui pour ses démarches dans la famille de l'Empereur, Madame de Montholon ne rencontra que l'opposition sourde du cardinal. Il
en résulta qu'au bout de sept mois j'attendais encore vainement l'autorisation promise par lord Bathurst et qui était
nécessaire pour mon départ.

Cependant l'état de l'Empereur empirait de jour en jour.
Dès septembre 1820 une lettre pressante du comte Bertrand
à lord Bathurst avait réclamé pour lui, comme unique
moyen de salut, l'usage d'eaux minérales et sa translation
dans un climat tempéré. Voici cette lettre :

» Mylord, j'ai eu l'honneur de vous écrire, le 25 juin 1819,
» pour vous faire connaître l'état de l'Empereur, attaqué
» d'une hépatite chronique depuis le mois d'octobre 1817. A
» la fin de septembre 1819 est arrivé le docteur Antomarchi
» qui lui a donné des soins. Il en a éprouvé d'abord quelque
» soulagement, mais le docteur a déclaré, comme il résulte

» de son journal et de son bulletin, que le malade est venu
» à un point tel, que les remèdes ne peuvent plus lutter
» contre la malignité du climat; qu'il a besoin des eaux
» minérales; que tout le temps qu'il demeurera dans ce
» séjour ne sera qu'une longue agonie; qu'il ne peut éprou-
» ver de soulagement que par son retour en Europe, ses
» forces étant épuisées par cinq années de séjour dans cet
» affreux climat, privé de tout et en proie aux plus mauvais
» traitements. L'Empereur me charge de vous demander
» d'être transféré dans un climat européen, comme le seul
» moyen de diminuer les douleurs auxquelles il est en
» proie. »

Au commencement de 1821, les progrès de la maladie
étaient devenus tels que sir Hudson Lowe lui-même crut
devoir en instruire son gouvernement. Il rendit compte en
même temps d'une conversation entre lui et le comte de
Montholon, chargé par l'Empereur de demander formelle-
ment le remplacement d'Antomarchi et de l'abbé Buonavita
par un médecin français ayant fait partie de son ancien service de santé, et par un ecclésiastique *d'éducation et de savoir*.
« Napoléon désirait particulièrement — avait ajouté M. de
Montholon — que sa famille n'intervînt d'aucune façon dans
ces nouveaux choix, ayant eu trop à se plaindre des choix
faits par elle précédemment. » La même pensée est exprimée
dans une note dictée par l'Empereur et envoyée de Longwood
à sir Hudson Lowe le lendemain (1).

Lord Bathurst fut sans doute impressionné par ce rapport,
et à la fin d'avril 1821 l'autorisation si longtemps attendue

(1) *Captivité de Napoléon*, par Hudson Lowe. T. III, p. 258-260.

fut enfin donnée ; une lettre de Madame de Montholon m'en ayant instruit, j'annonçai aussitôt mon prochain départ à la mère de l'Empereur, et lui demandai ses ordres pour Sainte-Hélène. J'aurais voulu partir de suite car, sans soupçonner la gravité du mal, je savais l'Empereur fort souffrant. Mais des difficultés pour mon passe-port, soulevées par le gouvernement autrichien, me retinrent forcément. Je n'arrivai à Paris qu'à la fin de juin.

Dix jours à peine s'étaient écoulés lorsque la nouvelle de la mort de l'Empereur retentit dans Paris. Ce fut pour moi un coup de foudre. Je tombai malade et fus transporté à la campagne, chez une de mes sœurs ; c'est là qu'à peine remis je reçus trois lettres datées de Rome, qui font l'objet de cette publication et que je vais reproduire sans commentaire. Deux de ces lettres m'étaient adressées par la princesse Borghèse qui ignorait encore, à la date du 11 et du 15 juillet, la mort de son frère ; l'autre par le cardinal ; datée du 31 juin, mais très en retard, parce qu'il l'avait adressée à Trieste, d'où elle m'était renvoyée.

Voici les deux lettres de la princesse Borghèse :

« Villa Paolina (près Rome), 11 juillet 1821.

» Monsieur de Planat,

» Je vous envoie une copie de la lettre (1). Je suis désespérée

(1) Il s'agit de la lettre du comte Bertrand à lord Bathurst (voir ci-dessus, page 15), restée sans réponse, et dont personne de la famille, si ce n'est le cardinal, n'avait eu connaissance. L'abbé Buonavita, qui venait d'arriver de Sainte-Hélène, était chargé d'en remettre un duplicata directement à la princesse Borghèse, pour qu'elle en envoyât des copies aux souverains alliés et à certains membres du Parlement anglais.

» de la triste position de l'Empereur. Je vous prie de lui dire que je
» suis dévouée à lui, que je le lui prouve avec le plus grand bonheur;
» car je suis mieux de santé, mais pas forte; mais je mourrais ici de
» chagrin et d'inquiétude de le savoir si mal et pas une personne de
» sa famille avec lui.

» J'ai eu bien à souffrir ici depuis deux ans, car mon oncle, maman
» et Colonna (1) se laissent guider par une femme intrigante qui est
» Allemande, espion de la cour d'Autriche, qui dit voir la Madone
» qui lui apparaît, enfin qui lui a dit que l'Empereur n'était plus là!
» Mille extravagances incroyables! Le cardinal en est presque fou,
» car il dit ouvertement que l'Empereur n'est plus à Sainte-Hélène,
» qu'il a eu des révélations qui lui ont appris où il est!

» Nous avons depuis deux ans fait tout, Louis (2) et moi, pour
» détruire les impressions de cette sorcière, mais tout a été inutile.
» Mon oncle nous a caché les nouvelles et les lettres qu'il recevait
» de Sainte-Hélène, disant que ce silence devait nous convaincre
» assez !

« Maman est dévote et donne beaucoup à cette femme qui est
» liguée avec son confesseur, qui lui-même est le bras droit d'autres
» prêtres encore! Tout cela est une intrigue affreuse, et Colonna sou-
» tient tout cela; il est à l'église du matin jusqu'au soir. Il faut que
» l'Empereur soit instruit de tout.

» On voulait me cacher l'arrivée de l'abbé Buonavita. Il était dans
» la chambre de maman quand je suis allé chez elle pour prendre
» congé, car je partais pour Frascati, mais l'on me refusait sa porte.
» Heureusement j'ai appris par le portier que l'abbé était là. Je suis
» montée; maman ne me disait rien. J'ai donc été obligée de lui dire
» que je le savais, que je voulais voir l'abbé et savoir des nouvelles
» de l'Empereur. Elle me dit que l'on attendait le cardinal, et que
» l'Empereur était furieux contre moi pour avoir reçu des Anglais. Je
» n'ai connu le marquis d'Anglesea que chez Madame. Sa femme, qui
» est charmante, m'a donné des preuves d'amitié. C'est un homme
» de cinquante-cinq ans, laid, mais aimant l'Empereur et sa famille.

(1) Chevalier d'honneur de madame Lœtitia.
(2) Ex-roi de Hollande, père de Napoléon III.

» Mon oncle ne quittait pas la duchesse (car il est duc d'Hamilton
» depuis la mort de son père). J'aime l'Empereur plus que tout au
» monde. Je suis assez heureuse en ce moment-ci pour lui en donner
» la plus forte preuve ; car j'ai fait tout ce qui était en mon pouvoir
» pour le suivre.

» Maman et mon oncle ne croient pas tout à fait que l'abbé Buona-
» vita ait laissé l'Empereur à Sainte-Hélène, car ils me disaient :
» « Je n'en crois rien ; l'Empereur n'est plus là, je le sais. » Enfin,
» mes peines sont affreuses. Outre l'extrême chagrin que je ressens
» des souffrances de l'Empereur, j'ai encore le chagrin de voir
» maman et le cardinal ne vouloir rien faire pour lui en exécutant
» ses ordres, disant que tout est imposture !

» Je me suis hier jetée aux pieds de maman ; je lui ai expliqué
» toute cette intrigue et je l'ai suppliée, au nom de l'honneur, de ren-
» voyer cette femme et ce prêtre ; mais elle s'est emportée contre moi,
» en disant qu'elle était bien la maîtresse de voir qui elle voulait.
» Elle est soutenue par mon oncle et Colonna ; enfin j'en suis malade.

» J'ai fait tout par moi-même pour qu'on connaisse la position
» de l'Empereur. Voilà, M. de Planat, quatre nuits que je passe à écrire
» pour envoyer partout des copies des lettres et faire connaître la
» triste position de l'Empereur. Voilà la position exacte des choses.

» Je pars pour Frascati pour me remettre et attendre la réponse de
» Londres pour partir pour Sainte-Hélène ; j'espère que Dieu me
» donnera la force d'y arriver, de voir l'Empereur, de partager ses
» peines. J'ai avec moi une dame d'Écouen qui m'aime beaucoup,
» ainsi que l'Empereur, et qui m'aide à faire tout pour donner une
» juste idée de la position de l'Empereur.

» L'on n'a pas bien traité l'abbé Buonavita, car maman lui a
» demandé si véritablement il avait vu l'Empereur. Ce pauvre homme
» si affectionné a été bien peiné. Je le mène avec moi à Frascati, car
» l'on ne lui donnera pas un sou. Le cardinal dit que l'Empereur n'a
» rien écrit pour lui ; lui dit au contraire que Bertrand lui a dit qu'il
» le recommandait au Pape ; mais que si celui-ci ne faisait rien pour
» lui, on lui donnerait une pension de 3,000 francs par an. Mais mon
» oncle dit que Bertrand ne lui a rien écrit.

» Excusez mon griffonnage, mais ma main est fatiguée de tant

» écrire ; je ne veux pas que cette poste parte sans vous apporter
» la relation. Je fais des vœux pour votre heureux voyage. Je vous re-
» verrai à Sainte-Hélène, si le gouvernement anglais a l'horreur de
» refuser le changement de climat.

» Recevez mes compliments bien affectueux,

» Princesse PAULINE. »

———

« Villa Paolina, 15 juillet 1821.

» Monsieur de Planat,

» J'ai encore mille choses à vous dire, mais comme je me trouve
» si souffrante, si accablée depuis ces tristes nouvelles, je ne puis
» que dicter (1). Je vous envoie une lettre pour le général Mon-
» tholon. Je n'écris pas au comte Bertrand ni à MADAME pour ne pas
» grossir le paquet. Vous communiquerez les détails que je vous
» ai écrits. Il est important que l'Empereur connaisse l'exacte vérité
» des choses. Ce que je vous ai écrit est vrai. J'insiste à vous le dire
» parce que tout est si extravagant, qu'à moins de l'entendre de ses
» deux oreilles on ne pourrait se faire une juste idée de cet aveugle-
» ment.

» Il y a un complot composé de prêtres et de femmes qui passent
» pour faire des révélations. La plus célèbre est Allemande, pension-
» née, sûrement espion, qui a l'esprit d'intrigue. Elle s'est tellement
» emparée de MADAME et du cardinal que tout ce qu'elle dit passe
» comme article de foi, révélé par la Sainte-Vierge qui lui apparaît.

» Il en est résulté que toutes les lettres que MADAME et le cardinal
» ont pu recevoir depuis deux ans ont été regardées comme fausses ;
» signature fausse, lettres inventées par le gouvernement anglais pour
» faire croire que l'Empereur est toujours à Sainte-Hélène tandis que

———

(1) La princesse Pauline mourut peu de temps après.

» le cardinal et MADAME disent savoir positivement que Sa Majesté a
» été enlevée par les anges et transportée dans un pays où sa santé
» est très-bonne, et qu'ils en reçoivent des nouvelles (1).

» Cette sorcière se sert de tous les événements politiques pour ar-
» river à son but. Toute la maison de MADAME est gagnée, Colonna à
» la tête. MADAME et le cardinal ont voulu m'entraîner dans leur
» croyance ainsi que mon frère Louis ; mais voyant que nous cher-
» chions tous deux les moyens de les tirer de leur aveuglement et
» que nous finissions par nous moquer de leur crédulité, je dois
» taire les scènes, les querelles et le refroidissement que leur con-
» duite a naturellement amenés entre nous. Ce sont de vrais chagrins,
» et je les sens plus fortement puisque cette influence a été si nuisible
» à l'Empereur et peut le devenir encore davantage en cachant aux
» membres de sa famille son triste état de santé.

» Remerciez bien le général Montholon de m'avoir écrit directe-
» ment les intentions de l'Empereur.

» Même l'arrivée de l'abbé Buonavita n'a pas encore convaincu
» MADAME et le cardinal. Enfin c'est après une scène terrible entre nous
» que maman commence à être ébranlée. Mais cette scène a été si
» vive que je suis brouillée à ne jamais revoir le cardinal ! C'est un
» grand bonheur que l'abbé ait eu une lettre à me remettre *directe-*
» *ment ;* sans cela on m'aurait tout caché (2).

» Enfin j'ai pris l'initiative dans cette circonstance ; j'attends avec
» impatience les réponses des lettres que j'ai écrites en Angleterre.

» Je ne vous parle, M. de Planat, de toutes ces choses que pour l'im-
» portance que cela peut avoir par la suite. Colonna est le plus grand
» admirateur du système de la visionnaire, et il la soutient en tout
» auprès de MADAME. Quelle ligue ! Cela est une vraie pitié.

» Recevez, M. de Planat, l'assurance de mon estime. Je laisse à
» votre prudence le soin de porter cette lettre sans qu'elle soit lue par

(1) Il faut dire ici que MADAME ne recevait ses lettres que des mains du
cardinal.

(2) Malgré sa réserve, la princesse Pauline laisse échapper ici sa pensée
réelle au sujet du rôle joué par son oncle. La vieille mère de l'Empereur
pouvait en effet être ébranlée, mais non le cardinal.

» d'autres, ou dans le cas contraire d'en retenir le contenu afin d'en
» donner les détails à Sainte-Hélène. Vous-même je vous charge de
» me donner directement des nouvelles aussitôt votre arrivée. Vous
» adresserez vos lettres au nom du chevalier d'Hautmesnil, sous le
» couvert de Schulthés, banquier à Rome. Mes amitiés à madame
» Bertrand, mes compliments au docteur Antomarchi. Je suis bien
» aise d'apprendre que Marchand se porte bien et qu'il reste toujours
» avec l'Empereur. L'adresse que je vous donne est pour m'écrire
» tant que vous serez en Europe, car de Sainte-Hélène vous devez me
» l'adresser directement par le ministre des Colonies. Lorsque vous
» serez à Londres, indiquez-moi les démarches qu'il faudrait faire
» auprès du Parlement.

» Princesse PAULINE. »

Quelle sombre révélation, quelle lueur sinistre projetée
soudain sur tant de tristes faits restés jusque-là pour moi
inexplicables ! J'ouvris la lettre du cardinal, voici ce que
j'y lus :

« Rome, 30 juin 1821.

» Monsieur,

» MADAME n'a reçu votre lettre du 10 mai que depuis six jours (1).
» Elle me charge de vous répondre que nous ne pensons point que
» vous deviez entreprendre le voyage auquel vous vous êtes décidé.
» Soyez certain que si l'on avait besoin de quelqu'un, c'est à moi
» qu'on en aurait écrit et l'on ne se serait pas adressé à des étrangers
» pour vous engager à faire ce qui était d'ailleurs dans votre cœur.
» Je dirige cette lettre sous l'enveloppe du prince Félix qui vous

---

(1) Nous avons déjà dit que la correspondance de MADAME passait par les
mains du cardinal.

» la fera parvenir dans le cas que vous fussiez parti. Cependant, comme
» vous ne pouvez pas quitter le Continent avant septembre, vous avez
» du temps à réfléchir et prendre toute autre détermination. A cet
» effet je prie Dieu qu'il vous éclaire afin que vous n'ayez pas lieu à
» vous repentir de la décision que vous prendrez !

» Soyez convaincu, Monsieur, que ceci m'est dicté par l'intérêt
» que vous m'avez inspiré et que je vous dois pour votre attachement
» à celui que je porte dans mon cœur.

» Je suis, avec un attachement inviolable, votre très dévoué et
» très affectionné,

» Cardinal FESCH. »

Qu'ajouter à une pareille lettre ! le ton hautain du cardinal avait fait place au patelinage du prêtre impuissant. Mais le but restait le même ; sans le savoir, la cour de Rome poursuivait l'Empereur jusque dans sa tombe.

Je n'ai jamais éprouvé d'inimitié personnelle contre le cardinal Fesch ; je ne vis en lui que l'instrument d'un pouvoir fatalement destructif de tout sentiment de famille, de patrie, et même de charité. J'avais toujours éprouvé une sorte de répugnance à reporter ma pensée sur ces pénibles souvenirs ; mais aujourd'hui je crois accomplir un devoir en révélant les faits dont je fus témoin il y a près d'un demi-siècle. Leur publication empêchera, j'espère, la cour de Rome de rappeler désormais son hospitalité de 1815 comme un titre tout spécial aux faveurs de Napoléon III.

TYPOGRAPHIE ERNEST MEYER, RUE DE VERNEUIL, 22.